**POÈMES KURDES
AU FÉMININ**

PEUPLES CULTURES ET LITTÉRATURES DE L'ORIENT

Collection dirigée par
Nazand Begikhani
(Université de Bristol, Angleterre et Vincent Wright Chair,
Sciences Po, Paris)

Cette collection met en valeur, les cultures et les littératures des peuples du Moyen-Orient, dont les apports ont été si riches. Depuis des millénaires, cette région est au carrefour des civilisations : elle a vu naître l'écriture et les trois religions monothéistes, fleurir de magnifiques textes littéraires et elle a été un havre pour les sciences.

Alors que l'on parle davantage aujourd'hui de ces territoires et de leurs populations pour les troubles qu'ils peuvent connaître, « Peuples, Cultures et Littératures de l'Orient » cherche à valoriser leur richesse culturelle par la publication de textes littéraires (prose et poésie), d'essais socio-politiques, d'études critiques, de thèses et de témoignages concernant tous les peuples et toutes les communautés ethniques et religieuses du Moyen-Orient.

Traduit du kurde par
Ahmed Mala

POÈMES KURDES AU FÉMININ

Introduction de Nicolas Barrière

***

 Illustration de couverture : Zary

© L'Harmattan, 2021
5-7, rue de l'École-Polytechnique – 75005 Paris
www.editions-harmattan.fr
ISBN : 978-2-343-22529-6
EAN : 9782343225296

Je tiens à remercier Jean-Claude Valentini et Nicole Barrière
pour leur lecture respective.

Introduction
Par Nicole Barrière

Le monde ne connaît pas encore la poésie féminine kurde. Ce constat de la poétesse Nazand Begikhani vaut pour la création contemporaine et résume à lui seul ce qui a motivé la réalisation de cette anthologie, projet initié et créé par le poète Ahmed Mala.

La nouvelle génération de poètes femmes kurdes de différentes parties du Kurdistan méritait cette anthologie, ou collection de fleurs... d'une poésie en pleine expérimentation, révélant une liberté de pensée et une créativité nouvelle.

La plupart des auteures réunies dans cette anthologie sont déjà reconnues dans leur pays et participent au rayonnement de la poésie kurde, longtemps l'apanage d'auteurs masculins.

Les auteures choisies et traduites du kurde/ ou de l'arabe par Ahmed Mala sont nées entre 1959 et 1995, et habitent soit au Kurdistan irakien, soit sont issues de la diaspora et résident en Europe (Grande-Bretagne, Hollande, Allemagne, France) ou au Canada. Cette anthologie rassemble celles que l'Histoire sépare.

Ces femmes poètes viennent d'un passé enraciné dans la guerre, la violence d'états qui se partagent le Kurdistan en plus de la violence communautaire. Malgré des conditions difficiles ; elles ont toutes étudié et pratiquent une activité professionnelle, des activités de traduction pour certaines et, en plus de leur engagement pour leur pays effacé de la carte mondiale, certaines d'entre elles sont également engagées pour la défense des droits des femmes.

Beaucoup d'entre elles ont commencé à écrire à l'adolescence et témoignent du dynamisme d'une poésie en devenir. Cette émergence de la poésie féminine kurde est le signe de l'évolution des mentalités, quant à la place des femmes dans le paysage poétique kurde, mais aussi d'un courant de sang neuf au sein des courants poétiques au Kurdistan.

Cette poésie des femmes a fleuri sur les montagnes rocailleuses du Kurdistan ou en exil et offre une grande diversité et une grande richesse qui perpétuent l'identité irréductible des femmes kurdes issues de ce peuple des montagnes, dont les assauts de l'histoire n'ont pas réussi à étouffer les voix. La résistance fait partie essentielle de leur histoire commune.

La voix des femmes ici présentée fait preuve d'inventivité inédite, s'affranchit des dogmes et des ombres du passé, fait preuve d'audace créatrice et d'un esprit critique sans précédent dans ce pays.

Les poètes de cette nouvelle vague rejettent ainsi non seulement les canons esthétiques de la poésie ancienne mais également ceux de la poésie traditionnelle marquée par le lyrisme ou l'académisme. Surtout, ces auteurs cherchent le moyen de restituer dans une langue résolument moderne, parfois influencée par la littérature occidentale du XXe siècle, la nouvelle réalité de la condition des femmes dans un pays en devenir.

Les bouleversements politiques récents ont transformé en profondeur les mentalités, les modes de vie (parfois de survie), les comportements individuels et collectifs, jusqu'aux modes d'expression et de pensée.

Ainsi, dans leur souci de traduire en poésie leurs expériences et de chanter leur époque, les poètes de cette anthologie associent une langue sans fioritures ni souci de la bienséance en transcrivant les froides résonances du monde tout en conservant les tonalités poétiques de la séduction et de l'amour.

On retrouve parfois chez certaines auteures de façon détournée des réminiscences de la poésie lyrique traditionnelle, mais les voix de cette nouvelle génération font entendre un tout autre chant : celui, toujours en pleine expérimentation, du doute à l'intérieur d'un pays en transition, de l'ironie désabusée vis-à-vis d'une société en crise, de la révolte des femmes face à la persistance d'un certain ordre patriarcal.

Longtemps les femmes kurdes ont été cantonnées dans leurs rôles d'épouse et de mères de famille, il en reste des traces dans la poésie, poésie de l'intime à l'image de leur sort, comme dans le poème de Tarze Faiq Ahmed :

« Eux, ils nous tendent une main aussi belle qu'une pêche,
Mais ils nous égorgent aussi facilement qu'ils pèlent un oignon et,
Pleurent lorsque nous les abandonnons. »

Ou encore Awesan Nouri

« J'ai construit un domaine pour mes contemplations,
L'empire de l'ignorance l'avait guidé ;
J'ai ensemencé une parcelle par amour,
La pousse de la trahison y a germé ;
J'ai propagé la fidélité dans un temple,
On y a déclaré la "fatwa" de l'anéantissement »

Mais au fil du temps, cette poésie cherche à s'émanciper du carcan patriarcal et même d'exprimer la révolte et affirmer fortement une identité féminine « contrariée » comme Kajal Nuri :

« Aussi amères que cette vie, les amertumes que j'ai ingurgitées face à tes indifférences ;
Ainsi qu'à tes désirs, je me suis soumise à tes égoïsmes. »

Ou cette revendication dans la souffrance du poème Moi :

Ne cassez pas l'orchestre de ma féminité
Ma blessure est à l'image d'un volcan
Lors de mon éruption
Je briserais tant de cœurs
Tant de romances
Je ferais un coup d'État contre moi-même.

Ces poèmes ont valeur de témoignage de la réalité des femmes kurdes au travers des thématiques qu'elles développent, avec la soumission, la place prépondérante faite aux hommes. Cependant, l'amour n'est pas absent, et Leyla Sofi en appelle à l'aimé :

« Laisse la crainte derrière le voile du plaisir,
Libère ton chant à mes côtés et
N'attends aucune option,
Car, tous deux nous venons des eaux »

Ce qui n'exclue pas la nostalgie de Ronak Shwani :

Je suis encore là-bas
Face à vos amères débâcles
Je me consume avec mon propre feu
Mon corps s'est éteint comme cendres
Hélas ! Personne n'en sent l'odeur.

Et cette création poétique atteint l'apogée et devient plus universelle avec la voix de Kajal Ahmed.

« Entre le chemin du Néant et le Destin
Il y a un ancien pont qui relie
Les deux pôles du monde ;
Les vaillants amoureux le traversent toujours
Mais les couards y trouvent leur perte.
(Ainsi disait la parole) »

Et celle de Nazand Begikhani qui dépasse la lamentation et la nostalgie du passé et devient une réflexion poétique abstraite peut-être, mais pertinente qui devint « voyage à travers une feuille blanche » comme « l'écriture », « sur un espace inconnu » où « plusieurs sentiers s'ouvrent » la « ramènent vers le passé /Au point de départ ». Mais, elle ne se fixe pas là ; elle continue sans crainte et avec sûreté vers une quête :

« Je parcours les sentiers
Se profilent plusieurs portes
Je les ouvre
Et j'entre
Je me promène dans ces lieux
Je regarde à travers les fenêtres »

Ces fenêtres élargissent ses champs de vision où elle « aperçoit un ruisseau de signes ». Elle nous amène ici vers un questionnement : qu'est-ce que « ce ruisseau de signes » sur cette espace « blanche, inconnue » ?

Ce sont des « lettres », des « mots » qui lui procurent « le sens » et « l'enchantement » qui « s'écoulent » et la « conduisent vers un inconnu » où comme un être intègre et résiliente, elle retrouve son jardin et se reconnecte à son autre qui est âme, un être spirituel qui la relie à sa liberté :

« Là-bas
Dans un jardin sans limite
Nous devenons deux âmes familières et
Et moi
Un être libre. »

En lisant les textes de ces poètes kurdes, nous partageons l'intime vision du monde de ces femmes qui expriment les préoccupations quotidiennes, les sentiments profonds, les désillusions, leurs aspirations et leur réflexion universelle. Elles traduisent la quête d'une identité individuelle face au sentiment universel de l'égarement de l'individu au cœur même de sa propre culture dans un monde en pleine déliquescence. Toujours affleure dans cette poésie une véritable tendresse et la grâce des femmes, dont l'écriture relève à la fois d'une évidente nécessité et d'un acte militant.

Forcément subjective, cette anthologie nous invite à connaitre ces voix singulières, la vibration du chant féminin kurde contemporain et par les mots, créer un espace commun d'intimité et de proximité.

Saint-Etienne
Septembre 2020

Awaz Saman

Terre natale

En sanglotant,
Dans un pays dépourvu :
De ciel
De pluie
De loi
D'amour
Je suis abandonnée à mon sort.

Que faire de toutes ces voix
Impossibles à distinguer ?

Le passé est définitivement sans retour
Je scrute le futur dans les miroirs
Combien sont dénudés
Comme la nudité des morts !

Le ciel est fissuré
La terre, de même
Sous les vents, les pluies et bourrasques
Les saisons perdront leurs couleurs…
Oh ! Comme il est difficile de perdre
Tous ceux qui nous permettaient
De vivre parmi eux.

Le silence et moi

Nous sommes face à un éternel amour
Oh ! J'ai vu ma féminité dans les yeux du cœur
Tu as eu peur
D'être brisé en toi.

Je t'observe avec émoi
Me faire revenir à la case départ :
Le plus absurde espace qui nous unissait…
N'est-il pas celui qui nous séparait ?

Si tu t'absentes
Comment pourrais-je donc voir ta beauté ?
D'aucuns t'aimaient en moi.

Tu es mon tout…
Il viendra ce jour
Où j'apporterai le message
Je le verserai dans tes veines…

Awaz Saman : elle est née en 1967 à Erbil, au Kurdistan d'Irak. Elle a travaillé comme envoyée spéciale pour le périodique : *Kurdistani nwê*, organe de l'Union Patriotique du Kurdistan. Journaliste, présentatrice à la radio et à la télévision de divers programmes culturels. Elle publie ses poèmes dans les revues et journaux du pays.

Awezan Nouri

La saison de l'oubli

Le vent souffle sur ma demeure
Il oublie de claquer la porte et les fenêtres.
Mes chaussures prennent la route
Elles oublient d'emporter mes pieds avec elles.
Le sommeil danse devant moi
Il oublie de se coucher sur mes paupières.
Le soleil flamboie dans le ciel
Il oublie de saluer l'obscurité de ma chambre.
L'averse tombe
Elle oublie d'étancher ma soif.
Le bien-aimé s'éloigne et s'en va…
Et moi je croque la pomme de la mort
En cette saison de l'oubli
J'oubliant de flairer la régénération de la vie.

Les enfants oublient d'apprendre à marcher.
Depuis belle lurette
Hormis l'oubli, la vie ne mérite personne.

J'ai construit un domaine pour mes contemplations,
L'empire de l'ignorance l'avait guidé ;
J'ai ensemencé une parcelle par amour,
La pousse de la trahison y a germé ;
J'ai propagé la fidélité dans un temple,
On y a déclaré la « fatwa » de l'anéantissement ;
Maintes fois, j'ai fait l'ablution de l'affirmation,

Incapable de prier
Autrement que dans le doute et l'incertitude ;
Incapable de mener une prière avec audace,
Afin que sur le tapis de l'existence
J'adresse mes invocations aux lumières du savoir
Pour être rachetée du péché de l'ignorance.

En bordure d'une imagination bigarrée,
Les mots de mes poèmes devinrent cendres…
Ils ne sont que rabâchage…
Qu'écrire ?
Mon unique hôte, c'est l'oubli…
Que sais-je ?
Est-ce moi qui m'oublie dans mes vers
Où
Sont-ce les vers qui sont étrangers à ma plume ?

En cette saison de détresse
Sur les pages du journal des nuées
En gros
Est écrit
La Saison de l'Oubli !

Awezan Nouri : Elle est née en 1981, à Kirkuk, au Kurdistan d'Irak. Elle a publié trois recueils de poèmes *Promenade dans les ruelles du destin*, 2005, *Un amour cru de Dieu*, 2006, *Je meurs dans la feuille d'un arbre*, 2010. Elle est également une militante pour les droits des femmes, qui a reçu plusieurs prix et récompenses, de la part d'organisation internationales.

Bayan Ibrahim

Une soirée rose
Extrait...

Un cavalier descend au pied de la montagne
J'ai une maison de solitude,
Inondée de moineaux,
D'arcs-en-ciel artificieux.

Une maison dont les chambres sont familières
Des moments où je retrouvais mon enfance ;
Une maison vitrée
Dont les vitres ignorent le bris.

Au pied de la montagne,
À la lisière d'une forêt,
Là où se ressourcent des fontaines
Qui m'interprètent leurs eaux.

Ici, tout a son propre langage,
Tout parle aux prairies
Lorsqu'elles me narrent leurs ondulations ;

Parle aux coquelicots,
Lorsque les palissades entourent les sources d'eau
Me dénombrent les baisers des amoureux,
Me prennent la main,
Me montrent les traces d'un cavalier basané ;
Ici, un seul versant me remplit d'espoir.

Une seule forêt m'offre la hauteur,
Une seule source me déborde de ses eaux.

Ici, l'amour est partout,
Sur les vitres de mes fenêtres,
Dans les fissures des murs
Où l'on a sauvegardé la pierre sacrée de Pir Mansour,
Il se répand dans l'envol d'une colombe…

Bayan Ibrahim : Elle est née en 1971 à Sulaymānīyah au Kurdistan d'Irak. Elle écrit son premier texte en 2005 qui le publie dans le journal Ala. Un peu plus tard elle publiera ses poésies dans divers journaux et revues littéraires. Ella a publié deux recueils de poèmes qui sont : *Un soir rose* et *Viens, transformes-moi en un jardin*. Elle a obtenu plusieurs Prix ainsi que pour ses écrits poétiques que pour ses activités défendant les causes des femmes.

Chnur Namiq

Quel agréable chagrin
de se languir dans l'ivresse d'un soir

D'aucuns m'ont abandonnée et
Le médecin gâteux du couloir de l'amour
M'a prescrit deux battements de poésie,
Trois nuits d'insomnie…

Il m'a offert le temps de l'exil
Pour le soustraire de dessous mon oreiller et
Pour l'abandonner au petit matin aussitôt…
Au soir, un verre de chimère qui paralyse et
Plus tard dans la nuit nul espoir…
Trois doses de tourments dans la patrie de l'angoisse…

Il ignore encore que lorsque le bien-aimé n'arrive pas
Au moment du trépas
C'est le signe que la pomme du verger du cœur est encore bien crue…
Et il ne veut pas comprendre
Qu'une promenade en poésie
C'est l'unique refuge et
Se languir dans l'ivresse d'un soir
Le chagrin le plus agréable…

L'oubli de la senteur des fleurs hors de ton ombre
C'est le mirage et le néant.
Trois doses de crime sans châtiment
Faisant du cœur un lieu vide pour des objets inutiles
Chaque jour me brade…

Chnur Namiq : née en 1971 à Bagdad, elle est diplômée en Psychiatrie et a un master en langue anglaise. Après le soulèvement populaire contre le régime de Saddam Hussein, en 1991, elle a commencé à écrire. Elle a obtenu plusieurs prix littéraires notamment celui de « Plume libre » égyptien. Elle est membre du syndicat mondial des journalistes. Membre active pour la défense les droits des femmes.

Dli Rojhelat

Toi et moi
Nous sommes l'imaginaire inachevé

Tu es le plus beau baiser sur mes lèvres,
Le plus long poème dans ma langue,
Le plus beau regard dans mes yeux.
Ô l'aiguille de mon âge,
Tu es le soleil qui ne connaît pas le couchant.
Le plus beau château dans ma tête
À travers lequel je contemple les vagues et
Tu me plonges dans des pleurs qu'un baiser assèche.

Deux roses dans le même vase
Dont l'imagination fait ses proies.
Nous sommes les deux ailes d'un vol de mouette,
Deux vers d'un poème inexistant.
Je rêve de m'assoupir sous ton toit
Tu rêves que nous nous entrelacions dans l'ombre.
Tu veux que je sois captive de ta langue et
Je voudrai allumer un foyer d'amour dans ton regard.
Toi et moi,
Sommes un imaginaire inachevé.

Dli Rojhelat : Elle est née à Sulaymānīyah. Elle a publié ses poèmes dans des journaux et revues littéraires de la ville et a publié un recueil de poèmes intitulé *Les yeux en éveil*, 2019.

Hawzhin Hassan Ali

Un homme au bord de mes rêves
Extrait…

Reviens de nouveau
Afin que les marguerites ne se fanent pas
Loin de toi,
Elles n'égratignent pas leur robe blanche
Avec des ciseaux rouillés, retrouvés dans un verger !

Comme on a déchiqueté le récit d'une jeune mariée infortunée,
Aussi simplement que voir les pétales d'une fleur fanée.

À quel point il est insignifiant
Que mon prénom soit Hawzhin
De demeurer ici et que je sois délaissée.

Reviens, égaie ce cœur.
Bonheur signifie :
Ton retour
Ton étreinte
Se tenir la main.

Qu'ai-je demandé au Seigneur
Ne serait-ce qu'un homme ne fonde pas
Comme de la bougie
Au bord de mes rêves…

Hawzhin Hassan Ali : Elle est née en 1989 à Sulaymānīyah au Kurdistan d'Irak. Elle commence à écrire depuis 2004. *Pourquoi nous ne transformons pas à Qaqnas 2010 ?* un recueil de nouvelles. Présentatrice d'un programme de la radio ainsi qu'elle a travaillé comme envoyée spéciale d'une chaîne de télévision.

Jila Husseiny

Interrogation

Le foulard déchiqueté de ma mère
Ne sépare nullement ma coiffe ;
« je suis celui de ta grand-mère » dit-il ;
Il est fort possible qu'elle l'ait hérité de son aïeule.

Ma tête c'est la fenêtre orientée vers le ciel,
Elle désire tellement de recevoir le soleil pendant la journée
Et pendant la nuit la lune et les étoiles.

M'a légué la mère une paire de lunette
Aussi noire que le charbon ;
« Le monde n'est que celui-ci que tu vois » dit-elle.

Lorsque le tonner se fait entendre
Mille interrogations pousseront
Devant mes yeux comme des champignons.

Un printemps éphémère

Que devient-il ce printemps d'amour
Lorsque les pétales de fleurs tomberont en pluie
Sur les belles paroles
Sur les regards
Sur les sourires ?

Avec ce cœur bien fêlé
Je tâche vainement à croire
Que ce printemps dure !

Jila Husseiny : Elle est née en 1964 à Saqqez au Kurdistan d'Iran, a décédé à l'âge de 32 ans victime d'un accident de route. Elle est issue d'une famille cultivée. À très jeune âge devient très active pour défendre la situation des femmes aussi bien en Iran qu'au au Kurdistan. Elle a publié plusieurs recueils de poèmes, entre autres : *Un amour illustre*, *La citadelle du secret*.

Kajal Ahmed

Identité

Ne me tue pas !
Je ne suis pas habituée à la mort.
Avant que tu me tues, dis-moi,
Dis-moi,
Vers quels penchants roule
Le doux sanglot de ton âme ?
Quel chemin as-tu pris
Pour atteindre tes chimères ?

Je suis timide !
Les fenêtres, comme des yeux,
Me prolongent dans la sueur et la timidité.

Je suis sans abri !
J'ai une demeure au bout de la solitude.
Je suis perplexe !

Les paroles à dire

La montagne est tellement infatuée de sa présence
Qu'elle n'ouvre son cœur à personne,
Elle dit qu'elle ne connaît point l'amour,
Cachant ses larmes
Fronçant ses sourcils
Ne riant jamais
Pourquoi lorsqu'elle entre en éruption
Toutes ses entrailles sortent en jets de lave
Crachant autour d'elle.
(Ainsi parlait la montagne)

Au commencement, la Révolution et le Peuple
Comme deux jeunes amants en herbe ;
Le garçon affiche de gros mensonges
La fillette sombre dans les rêveries ;
Enfin,
La Révolution et le Peuple
Ce sont toujours le même garçon
Et la même fillette
Ils s'unissent dans le mariage
D'où jaillissent trahison, dispute et divorce.
(Ainsi parlait un parti)

Une bourrasque a dit
Qu'elle n'aimait pas la forme immobile de ce monde
Elle essaya de changer le monde par la violence.
Je lui ai répondu « Moi, je voudrais le changer par l'amour. »
(Ainsi parlait un zéphyr)

Après la nuit
C'est encore la nuit
Le jour est aussi une nuit,
Mais, dans le quinquet
Il y a un beau soleil.
(C'est la parole d'un poète et non d'un écrivassier.)

Ne m'accrochez plus
Le tableau de Kafroch,
Parce que j'ai bien compris
Que mon honneur
Est un butin colonial.
(Ainsi parlait un mur)

Il n'y avait plus de chemin,
Mes mots prirent un chemin détourné.
On m'a pris pour cible,
Mon cheval a été touché,
Mon panier de fleurs a été renversé.
On a crié : Qui êtes-vous ?
Je n'ai pas répondu,
Car je savais que les porteurs d'armes
Ne comprennent jamais ceux qui portent plume.
(C'est la parole de Shahrazade)

Entre le chemin du Néant et le Destin
Il y a un ancien pont qui relie
Les deux pôles du monde ;
Les vaillants amoureux le traversent toujours
Mais les couards y trouvent leur perte.
(Ainsi disait la parole)

Kajal Ahmed : Poète et journaliste, elle est née en 1967 à Kirkuk, au Kurdistan d'Irak. Elle commence à écrire à l'âge de 19 ans. Entre 1992-2008 travaille en mass médias. Elle est membre de rédaction du journal *Kurdistani nwê*.

Elle a publié plusieurs recueils notamment *Un café avec lui*, (2001), *J'ai brisé le miroir* (2004), *Le langage des oiseaux* (2019). Ses poèmes ont été traduits en plusieurs langues y compris en arabe, en suédois et en anglais.

Kajal Nuri

Contrariée

Aussi dur que le fer, mon cœur face à toi ;
Aussi ardents que le feu, mes soupirs plaintifs à ton égard ;
Aussi glaciale que le pôle, mon humeur pour tes souhaits ;
Aussi obscures que les Bermudes, mes réponses à tes adjurations ;
Aussi amères que cette vie, les amertumes que j'ai ingurgitées face à tes indifférences ;
Ainsi qu'à tes désirs, je me suis soumise à tes égoïsmes.

À l'image des pluies, mes larmes ont coulé,
Les pleurs dans ma gorge ont roulé comme le tonnerre dans les nuages
À cause de nos disputes, le ciel s'est éloigné de la terre,
Mes soupirs comme des bourrasques balaient mon corps,
Tous les volcans de la terre ont bouillonné dans ma tête,
Pourtant je m'éloigne de toi, à la vitesse de la lumière.
Et encore, comme aimantés par un soleil, mes pas me guident vers toi !
Qu'elle soit maudite cette vie que j'ai gaspillée dans la tristesse !
Que l'étoile de ta chance s'éteigne, elle ne brillait toujours que pour moi !

Kajal Nuri : elle est née en 1970 à Darbandixan au Kurdistan d'Irak. À l'âge de 4 ans avec sa famille, elle s'est réfugiée en Iran lors de l'effondrement de la Révolution kurde en Irak en 1974. Après leur retour au Kurdistan, les membres de la famille ont été déportés durant cinq ans dans le sud d'Irak. À l'âge de 9 ans elle retourne de nouveau au Kurdistan. En 1996, elle s'engage dans des ONG « Triangle dia consortium » et « Women developement activities » pour défendre les causes des femmes kurdes. Elle vit depuis 2003 en Hollande. Comme bénévole, elle travaille dans une bibliothèque d'une école primaire à Utrecht. Elle commence à publier ses écrits depuis 1988. Ses poèmes ont été traduits en arabe, anglais et néerlandais. Elle a aussi publié plusieurs ouvrages pour exposer les problèmes des femmes kurdes.

Kochar Aboubakr

Un tableau de Martin
Extrait…

Ton éloignement s'est transformé en infirmité
Ma valise en pharmacie
La radio de ce matin disait : plouf… louf
J'en ris exacerbée, en effet,
Ce bidule aurait dû se rendre compte de ton départ.

L'hiver d'ici est une lesbienne
Qui effleure ma peau…
Martin est un dessinateur,
Mais par ce froid, il est incapable
D'ajouter encore plus de feu à ses tableaux.

Ôte cette virgule entre nous
Je suis en train de prendre froid.
C'est dimanche, je voudrais rentrer chez-moi.
Sept cent trente et un, je marche dans les chiffres…
Chirine ne dévide plus son fil ; Martin est en train de dessiner.
Les gens regardent leur passé avec regret,
Mais moi, je regrette mon futur.
Le vingt du mois traverse le temps
Incapable de l'attraper…
Dans les ruelles, les enfants roulent en bicyclette.
L'air raconte quelque chose qui n'est pas encore survenu.
Demeure dans mes vers
Dehors, il fait froid
Cette rue s'est gelée.

La menstruation coule sur le mois,
Les portes, les fenêtres et les trains sont dans leurs périodes de règles
Les actrices de Hollywood aussi
Les tableaux de Martin et la timide présentatrice de radio.
La présentatrice s'abstient : Bla blablabla…
Ainsi que les mardis, les lundis, les jeudis y coulent du sang…
Elle oublie que sous ma peau couleur de blé
L'existence souffre
Qu'une femme toute seule se transforme en brume,
Une brume toute rouge.
Très tôt, je te l'ai dit que Dieu a été fabriqué dans les mots.
Le rouge étreint l'existence et
Le vingt du mois coule du sang sur le calendrier
J'ai ma main sur le ventre
Je désire que ma main devienne une brique cuite dans le tableau.

La pharmacie de ma valise n'a pas de vertu curative
Le mal au ventre du tableau.
Martin est incapable de transformer la couleur rouge en bleu.
L'univers est empesté et moi je désire rentrer à la maison.
Je détache ces trois jours du calendrier
Dans ce poème la nuit est un vide qui ne se remplit jamais.
Voilà trois siècles que je voudrais rentrer à la maison.
Les appartements pullulent dans mes poèmes.
Le déracinement nous a enlevé nos robes avant de nous enlever l'identité.
Ma mère, sur son lit, pense à moi, privée de robe.
Ma mère préfère être sans abri que sans sa robe.
Ma robe est aussi geôlière que la liberté,
Je suis captive de ton amour.

Après ton départ,
Je me retrouve aussitôt, un après-midi, dans un café persan,
Savourant un café arabe
Une indienne me prédit l'avenir.
Je fais un vœu : c'est toi qui verses un poème dans mon cœur
La voyante m'annonce :
Tu voudrais me prendre comme une vraie épouse kurde
Je me voile dans la religion arabe
Mais je reviens dare-dare au style français quand tu me ramènes au lit
Quant à moi
Je te voudrais comme un cheveu dans ma soupe.

Kochar Aboubakr : elle est née en 1988, à Saqqez, au Kurdistan d'Iran, bien qu'originaire du Kurdistan d'Irak. Elle écrit depuis l'âge de 14 ans. Elle a publié deux recueils poétiques *Les colombes de mon père*, en 2013 et *Rien*, en 2015. Elle réside au Canada où elle poursuit ses études.

Leyla Sofi

Avec des baisers, plonge-moi dans l'extase

Mon chéri, couvre-moi de baisers,
Autant que tu pourras,
Ne laisse pas s'éteindre mes baisers,
Et laisse mon âme s'immerger dans ma féminité.

Laisse la crainte derrière le voile du plaisir,
Libère ton chant à mes côtés et
N'attends aucune option,
Car, tous deux nous venons des eaux
Et trouverons le secret du bonheur dans nos baisers.

Je sais bien qu'un jour en se précipitant, la mort
Nu-pieds, sifflera…
Et on dira : si elle ne nichait pas au-dessous de nos bras,
Elle s'anéantira
S'accroupira derrière un baiser.

Je sais bien qu'un jour
L'éloignement devient une brûlure aiguë
S'insinuant dans nos baisers.

Alors,
Donne-moi,
Une foule de baisers !
Pour qu'ils ne succombent pas à l'habitude.
Afin que la sève de cet amour
Nous scelle et
Que le trépas même ne nous sépare…

Dans tes rêves
Dans tes éveils
Dans tes cheminements
Dans tes sérénités,
Dans tes détresses.
Dans la vigueur de tes rires,
Donne-moi des baisers,
N'aie pas peur de la mort…

Viendra ce jour-là
Lorsque la mort
Se taira,
Il se regrettera
S'en voudra
Pour tous ce temps privé de baisers…

Leyla Sofi : elle est née en 1980 au Kurdistan d'Iran. Elle vit et travaille actuellement au Kurdistan d'Irak où elle a publié un recueil de poèmes, intitulé *Reconnaître les doigts du vent*. Outre le maniement de la plume, elle excelle dans l'art pictural.

Leyla Waziri

Plus oisive que jamais
Lorsque je promène les doigts
Sur les vendredis du calendrier.

Parmi mes voyages les plus légers
Un sourire chétif s'arrête sur mes lèvres et
Lorsque je traverse tout droit une ruelle étroite et serpentine
Mes poches ne s'en vident pas.

Leyla Waziri : Elle est née à Sanandaj, au Kurdistan d'Iran. Elle écrit des vers depuis sa plus tendre enfance, mais elle joue aussi du Sitar qu'elle a appris avec des maîtres tel que Ali Tayeri, Bahram Saad et Sabir Nazergahi et a obtenu un diplôme dans le domaine de la musique.

Elle a publié plusieurs ouvrages et des CD pour enfants, comme *Mes poupées*, 2012. Elle a reçu plusieurs prix. Elle publie ses poèmes et ses écrits, sur la musique traditionnelle, dans des revues spécialisées, en Iran.

Madiha Sofi

Dites à la ville

Dites à la ville, si j'escaladais maintenant les marches de l'amour,
Si je voulais comme jadis, parler avec mes yeux de velours,
Qu'elle devrait m'apprendre comment mon identité prend la couleur d'un paisible voyage,
Parce que j'ignore comment faire taire ma plume.

Dites à la ville,
Que depuis fort longtemps, face aux épopées de l'histoire
Je ne suis armée que d'un morceau de poème incomplet ;
Depuis fort longtemps, les fanaux de mon âme sont en accord avec l'automne du désir ;
Depuis fort longtemps, les oiseaux aptères s'envolent dans le ciel des retrouvailles.

Dites à la ville,
Si je prenais maintenant la course de la rivière imaginaire et devenais libre,
Je lui ferais, avec l'essence de mon esprit,
Avec des moments les plus intenses,
Avec les perles de la mémoire
Un collier dont le fil est invisible…
À cet instant-là, les soirées de la vie ne se faneraient plus jamais.

Si je prenais maintenant le chemin de l'île du destin,
Je prêterais serment
Aux perlouses d'adjuration
Aux vers inédits
Encore au pays
À la liste des probabilités
Mon adieu serait irrévocable.

Madiha Sofi : Elle est née en 1960, à Kirkuk, au Kurdistan d'Irak, où elle a obtenu une maîtrise d'ingénieur agricole de l'Université de Saladin. Depuis 1995, elle vit et travaille en Allemagne. Elle a obtenu ensuite, en 2016, un doctorat en environnement à l'Université de Bonn. Codirectrice du mouvement vert Europe-Kurdistan.
Elle a publié plusieurs recueils de poèmes, dont *Sourmê* en 2011, *Les lettres obscures* en 2017, *Les soupirs de l'âme* en 2017.

Narin Rostam

Chapeau

Mon père pour cacher
Son crâne dégarni
Se coiffa d'un chapeau en cuir
Et devint aussitôt poète.

L'un de mes frères
Se rasa avec un rasoir mal affûté,
Afin de cacher ses blessures,
Il attrapa sa tête et la jeta
Dans un chapeau tout noir tout rond
Et enfin il devint dévot.

Moi, on m'a coiffé
Avec un chapeau magique
Et j'ai disparu d'un coup,

Le chapeau qui rendit
Mon père poète
Resta posé dans l'armoire.
Celui de mon frère
Colla à son crâne
Comme du goudron.
Et moi, à la recherche
De mon chapeau magique
Il me fit disparaître et disparut.

Lutte

Chaque fois que la télévision en noir et blanc
Se brouillait
Elle nous offrait un duel.
Mon père devenait le lutteur
Il devait manger un plat plein de pastèque.
Maman l'avait coupée en deux,
Elle broyait les os de la pastèque :
À l'image du lutteur vaincu.
Moi, en maillot rayé
J'allais et revenais
Comme une arbitre sans sifflet.
Quand le courant s'arrêtait,
Le décor se colorisait,
Mon père levait son plat plein de pastèque,
Il fut un véritable héros.

Le lutteur vaincu
S'est mis la tête sur ses genoux
Dans la salle de bain
Essayant d'enlever les morceaux cassés du plat
De sa chair.
Et moi,
Portant six sifflets autour de mon cou
Je ne pouvais plus arrêter ce jeu.

Narin Rostam : elle est née en 1992, à Erbil, au Kurdistan d'Irak. Elle est diplômée de l'École des arts dramatiques. Elle a travaillé de nombreuses années comme journaliste libre et elle a publié un recueil de poème intitulé *Le héros en carton*.

Nazand Begikhani

Écriture

Je voyage
A travers une feuille blanche
Sur un espace inconnu
Plusieurs sentiers s'ouvrent
Me ramènent vers le passé,
Au point de départ.
Je parcours les sentiers
Se profilent plusieurs portes
Je les ouvre
Et j'entre
Je me promène dans ces lieux
Je regarde à travers les fenêtres
J'aperçois un ruisseau de signes :

Lettres
Mots
Sens
Enchantement
S'écoulent
Et me conduisent vers un inconnu,
Là-bas
Dans un jardin sans limite
Nous devenons deux âmes familières et
Et moi
Un être libre.

Nostalgie

L'amour est un territoire orangé,
Un continent lointain
Le panorama reculé
Un jadis antique
Impossible à apercevoir
Mais comme la peine
Comme l'écroulement
Comme le calvaire sans fin
Tes membres désarticulés
La brisure de tes os
L'assèchement de tes veines
La désintégration de tes cellules
Comme le cataclysme de ta fondation intime
Comme l'embrasement dans le cœur des saisons
La perte de quelqu'un
L'adieu à un être cher
L'absence et la disparition
C'est ainsi que l'on éprouve
La nostalgie de l'amour

Le mirage de l'amour

Le silence
Tel un mur
Se dressa entre nous
N'était pas la fin des mots
Ni l'interruption de la parole
C'était un signe bleu
L'ensevelissement de nos regards

Puis bourgeonna le secret
Il devint l'ombre
Et obscurcît la lumière sur mon visage

Le silence s'épaissit
Aussi dense que le plaisir
Le mien pour toi
Le tien pour moi
Et entre nous ne reste
Que le mystère

Nazand Begikhani : Chercheure affiliée à l'Université de Bristol, elle est titulaire de la Chaise Vincent Wright et Professeure Invitée à Sciences Po, Paris. Elle est née en 1964, dans la ville de Koya, au Kurdistan d'Irak et exilée en Europe depuis 1987. Après un diplôme dans la langue et littérature anglaise, maitrise en sociologie de la littérature portant sur les relations homme-femme de D.H Lawrence, elle fait son DEA et une thèse de doctorat en littérature comparée à la Sorbonne. Elle est une ardente défenseure des droits des femmes, qui a initié plusieurs campagnes contre les violences faites aux femmes, devenue membre de plusieurs plateformes internationales pour promouvoir l'agilité et la justice sociale et était à l'origine de la fondation de plusieurs centres d'études et de recherches de genres au Kurdistan. Elle remporta plusieurs prix internationaux pour ses écrits et ses activités, dont le Prix Britannique Emma Humphrey en 2000 et le Prix Simone Landry de la poésie Féminine. Elle a publié 6 recueils de poésie en Kurde et anglais, notamment *Le Lendemain d'Hier* en 1995, *Célébration* en 2004, *Bells of Speech* en 2006, *Couleur de Sable* en 2011, et *Promenade avec John Donne* en 2016. Ses poésies sont traduites en plusieurs langues, notamment en français, arabe, persane et Italien.

Pery Shex Salih

Quelle insolite distance !
Extrait…

Constamment égarée,
Cheveux emmêlés,
Lèvres livides
Ainsi que son âge.

Un cyprès svelte
 gé d'un peu plus d'un demi-siècle.
Où se trouve-t-il en ce moment ?
Où devrais-je aller pour le trouver ?
Sur quelle planète artificielle
Peut-il être ?

À l'image d'un oiseau migrateur
Il ne retournera plus jamais dans son nid.

Où es-tu, violet de mes rêves ?
Après ton départ
Mon cœur n'a connu la quiétude,
Un voile s'échappe de mes yeux.

Dans quelle toile ensorcelée es-tu retenu ?
Sous quelle tente de nomades, es-tu captif ?
Quel tapis volant
Comme Sindbad, t'emporte ?

Pris par cet envoûtement
Sur quelle terre t'assoupirais-tu ?
Dans les entrailles de quelle nuée
Te planquerais-tu ?

Pery Shex Salih : elle est née en 1970, à Sulaymānīyah, au Kurdistan d'Irak. Elle a publié ses poèmes, dans des revues littéraires ainsi que trois recueils et a participé à de nombreuses rencontres littéraires.

Rhawnd Salih Hassan

Voix

Une voix depuis la droite
Une voix depuis la gauche

Une voix en moi
Une voix en toi
Elles annoncent un de mauvais augure.
Nos voix sont fêlées…
Y a-t-il une loi
Qu'elle qui apprenne aux Hommes de rire pour de vrai.

Chiffre

Tous ces hameçons ont percé nos cœurs
Toutes ces notes se sont exténuées
Toutes ces balles ont troué même les épouvantails
Tous ces sourires rouillés qu'on a goûtés
Tous ces….
Tous ces…
Une calculatrice nous est nécessaire
Aussi grande qu'un nouveau continent
Afin d'énumérer tous ces échecs !

Rêve

Nous avons peur même de nos rêves
De nous balancer dans les trous noirs
Nous avons besoin désormais d'un char
Car la vie nous a terriblement heurté.

Moi

Ne cassez pas l'orchestre de ma féminité
Ma blessure est à l'image d'un volcan
Lors de mon éruption
Je briserais tant de cœurs
Tant de romances
Je ferais un coup d'État contre moi-même.

Rhawnd Salih Hassan : elle est née en 1980, à Sulaymānīyah, au Kurdistan d'Irak. Diplômée ès-lettres kurdes. Dès son plus jeune âge, elle se passionne pour la culture et d'écriture. Elle a publié un seul recueil de poèmes, intitulé *Laissons parler une femme* en 2017.

Roj Halabjeiy

Les tableaux de Non

1
Ils courent en se faufilant,
Non pas la houle des rues,
Mais les babouches des ruelles !

2
Le plus longuement ils s'étirent
Non pas les rires des arbres,
Mais une pousse d'eau !
3
Aussi obscurément que l'obscurité, ils s'envolent
Non pas les ailes de la nuit,
Mais les éclats des ailes de chauve-souris !

4
Chatouillant si doucement les étendages,
Non pas lorsque le vent fume sa cigarette,
Mais les nylons de soutien-gorge !

5
Il se rengorge d'insolence,
Non pas le regard à travers la fenêtre,
Mais un visage en s'éloignant !

6
Bouquet par bouquet la peur nous coud,
Non pas l'épouvantail des champs,
Mais les hurlements des femmes d'Afrin

Goutte à goutte murmurant dans la forêt,
Non pas les sanglots des nuées et des pluies,
Mais l'alphabet des moineaux roses !

Coloré

1
Une niche affamée
Fait un clin d'œil à un morceau de pain,
Un foyer pauvre.

2
La nuit est harcelée,
L'obscurité est sourde-muette
Du jacassement des cafards.

3
Les gibiers seront chassés
En tissant un foyer
La toile d'araignée.

4
La plaine et le vent
Fredonnent une chanson,
Les ondulations des herbes.

5
En taillant les arbres,
Les rameaux éternuent
L'identité d'une cage.

6
Elle met des fleurs bigarrées à sa chevelure
Il devient le nid d'un papillon
La toilette d'une femme.

7
Un lance-pierre versatile
Coiffant un arbre en rouge
Un étourneau martyr.

8
Au printemps il s'orne
Sept ruisseaux bigarrés
L'arc en ciel.

9
Une forêt momie
Ses oiseaux ratatinés
Un tableau surréaliste.

10
Elle se promène tout doucement
De la rivière s'envole
Une vieille tortue.

11
Elle s'endort dans un sac à main
Les appareils de maquillage
La fantaisie d'une jeune fille.

12
Il tombe malade avec des rais de lumière
Son corps se transforme en gouttelettes
La grippe des neiges.

13
Il nage dans les feuilles
Faisant chanter un arbre
Un bout de moineau.

14
Avec leur béret vert
Elles font rire la fontaine
Les exercices des grenouilles.

15
Elle apaise le vent
Enflant les cendres comme oreiller
Une vague de charbon.

Roj Halabjeiy : elle est née en 1977, à Halabja, au Kurdistan d'Irak. Elle est diplômée de l'école des Instituteurs. Elle est actuellement institutrice à Sulaymānīyah. Très précoce, elle débute sa carrière littéraire en composant déjà ses premiers vers, à l'école primaire. Elle a publié plusieurs recueils de poèmes. Lors d'un bombardement de sa ville natale, à l'arme chimique, en 1988, elle s'est exilée, en Iran, avec sa famille.

Ronak Shwani

Nostalgie

Je suis encore là-bas
Face à vos amères débâcles
Je me consume avec mon propre feu
Mon corps s'est éteint comme cendres
Hélas ! Personne n'en sent l'odeur.

Cette ville est hors espace
Ne vibrant d'aucune conscience
N'émouvant aucun cœur.

J'y suis encore,
De loin
Regardant vos indifférences
Le tintement de vos verres
L'éclat de vos rires
Fendant mon cœur ainsi que le cœur des objets inertes ;
Brisant le dos, les doigts et le cou de mes montagnes.
On m'a volé sommeil et songes.

Je suis encore là-bas,
J'ai perdu la trace de mon bien-aimé.
Avec un désir ardent je coiffe sa chevelure,
Je fais un nœud avec la manche évasée de ma mère,
Je traverse les ruelles de la poésie,
Je fais un vœu,
Songeant à une parure pour la ville,
Qui sait, peut-être prend-elle la route vers ici
Nous rendant une visite.

Je suis encore là-bas.
Dans ces ténèbres opaques,
À la fenêtre de l'espoir,
Je me suis recroquevillée
Face à une chandelle d'attente,
En attendant mon bien-aimé et beau et brun,
Je meurs de désir pour un baiser
Pour une étreinte.
Je sais qu'il est éveillé
Il sera de retour avec l'apparition de Vénus,
Il reviendra avec un bouquet de narcisses
Des giroflées
Il les déposera sur le sol.
Où
M'apportera des ailes.

Je suis encore là-bas et
J'y resterai.
Avec la soie de ton amour
Je tisserai une tente pour le pays
À l'ombre de laquelle
J'écouterai l'air triste de Dawouda
Je ferai avec le clair de lune des mélodies.

Je brûlerai de désir
Et donnerai des élans à mes paroles
Je prendrai ma plume
Pour terminer les récits incomplets de la ville.

Ronak Shwani : Elle est née en 1960, à Kirkuk, et commence à écrire des petits poèmes au lycée. Après le soulèvement populaire des kurdes, contre le régime de Saddam Hussein, en 1991, elle publie ses écrits : poèmes, nouvelles dans des revues et journaux. Elle travaille comme traductrice pour la télévision de « Gali Kurdistan. » Shwani a aussi traduit plusieurs romans du persan en kurde, notamment *Ma patrie* de Parinoch Sanii, *Mon visage incarcéré* de Latifa. Elle a traduit de l'arabe en kurde *La danse des tresses et de la rivière* de Wafa Abdulrazaq.

Jamila Choupani – Rouana

Ni pour qu'il m'embrasse
Ni pour qu'il me parle
Ni pour qu'il me berce
Voluptueusement au lit
Que j'aimerai un homme ;

Si j'en tombais amoureuse
C'est pour qu'une autre force
Que la gravité
Me recrée dans mon corps.

Met tes pieds dans cette ruelle

Une brise ondule la robe de mariée
Une robe surannée…
Je me suis mariée dans l'espoir
Qu'un homme – n'est qu'un divorce-
Depuis des années rode autour de moi.

Il me méduse
Il m'étourdit
Quelle idiote j'étais
Ignorais d'être en robe de mariée
Suspendue dans le vide...

Etrange !
Que tes yeux me sont encore rebelles,
Moi qui ai la plus rebelle parmi les asservies ;
Une contrée à la recherche de ses frontières
Et moi à la recherche de toi,
Néanmoins, tu es égaré dans tes pensées
Et les frontières sont closes.

Jamila Choupani – Rouana- : Elle est née en 1980 à Sanandaj au Kurdistan d'Iran. Déjà à l'école primaire, elle obtient un prix pour la rédaction de ses petits textes poétique qui les motiveront plus tard à poursuivre ses activités littéraires. Elle publie son premier recueil en 2016 intitulé *Le plus ivre dictateur*. Quelques années plus tard, publie le second recueil sous le titre *L'Exil est le pays le plus effaré et le plus fou*.

Sarwin Darwich

Défi

Quel est ce temps ?
Le papillon de mon âme
Se brûle dans la chimère des lumières !
On froisse l'innocence de mon désir de vivre.

Quel est ce temps ?
On tatoue les lettres de l'honneur
Sur le corps de ma féminité.
Pourtant chaque jour
La dureté des mots déchire en lambeaux mon affection,
Je reste néanmoins attachée à mon humanité,
Toujours baignée de tendresse.

Là où l'on viole la face de la vérité,
C'est là où débuté mon défi.
Qui parmi vous veut devenir l'assassin du désir ?
Qui parmi vous aime être sans cœur ?
Qui parmi vous comprend que ce monde-là est mauvais ?

C'est nous qui sommes dans de mauvais endroits.

Dans ce temps
Dans cette saison d'assassinat des désirs,
J'aime voir dans un verger
Une main rêche aussi grande
Que les grenades qui consolent
Et qui au couchant d'un âge trop éphémère
M'apporteraient une vie enjouée dans la cahute de ma solitude,
M'offrant une deuxième vie.

Bien qu'il soit à l'image d'un film tragique,
Je suis moi-même la comédie aux mains de Dieu !
Dans ce temps au cœur glacé,
Il m'offrira le sourire solaire,
Ouvrant l'espace du mirage
Auquel je ne suis pas parvenue...

Oh ! Mieux vaut encore cette main que celle d'un faux ami,
Que celle du salut d'un ennemi inconnu…

Nul personnage
Ne pourra me venir en aide comme toi !
Regarde,
Le temps nous mettra tous les deux dans son livre !

Sarwin Darwich : Elle est née en 1972 à Erbil, au Kurdistan d'Irak. Elle commence à écrire des petits poèmes, à l'âge de 13 ans, qui ont été publiés dans une revue pour les enfants. En 2019, elle a publié son premier recueil de poèmes *En dépit de la souffrance, dansons !*.

Shilan Gaylani

Femme

Tu es le nuage tout blanc
Aussi blanc que Marie
Plus ardente que le feu
Comme le lierre tu deviendras tout vert
Qui entourera le soleil de la Vie
Tour à tour
Tu seras l'oiseau blanc du Christ
Qui tournera autour des papillons
Tu sera l'émoi de Adam
Qui partagera le frisson

Il est inconditionné ton envole
Au-dessus d'un cercle vide

Lorsque tu étais transformé en pluie
Le monde aura plus de clarté

Poisson
Mon cher poisson
Oublie la mer
J'ai peur
Tant que tu ouvres la bouche
Les hameçons tu crucifieront

J'ai peur
Qu'un jour
Le désir de ce fleuve
Froisse ton cœur.

Vent glacé
Le vent a cessé
Ses tresses sont gelées
Do Re Mi Fa So La Si
Do Re Mi Fa So La Si
Il ne manque à l'Humanité que deux notes :
Toi et moi.

Shilan Gaylani : Elle est née en 1953 à Sanandaj au Kurdsitan d'Iran. Elle exerce le métier de l'infirmerie à Aarak, ville en Iran loin de sa ville natale. Quelques années plus tard, elle retourne à Sanandaj éveillant en elle le goût de la poésie, en parallèle de son travail comme infirmière elle enseigne la langue et l'orthographe kurde aux enfants. Elle publie quelques recueils de poèmes au Kurdistan fédéral (Kurdistan d'Irak.) Elle a publié quelques ouvrages pédagogiques ainsi que la traduction des nouvelles du persan en kurde ; il est à souligner aussi qu'elle a traduit du persan en kurde le Petit Prince d'Antoine de Saint Exupéry. Elle Obtient plusieurs prix littéraires pour sa participation au développement de la littéraire kurde en Iran.

Shine Nouri

Solitario
Extrait…

José découpe la pastèque
Maya court à travers le champ de maïs
Et moi, je suis le vieux vin âgé d'un siècle
Sur la nappe du pique-nique.

José s'occupe de la grillade
Maya est en train de planter des fleurs de tagimoucias colorées
Et moi, je suis une orange grenade
Souriant à leur barbe.

José m'embrasse avec ardeur
Non pas sur mes joues
Ni sur les bouts de mes doigts
Ni sur mon corps élancé
Ni sur l'endroit où je me suis assise
Mais, en moi.

Maya est en période de menstruation
Courant droit vers le soleil
Et moi, je suis le couteau à la main de José,
Le jus de pastèque ruisselle de mon menton.

Maya, Maya
La petite Maya, l'espiègle et la vive,
N'écoute pas les paroles des dieux
Ni leurs croyances
Ni leurs Saints
Ni leurs idéaux…
Elle mange seulement de la confiture !
La confiture de figues avec du pain grillé.
Dieu dira, libre à toi :
Si tu manges du pain, mange-le pour de vrai
Si tu fais l'amour, fais-le pour de vrai
Si tu répands du sang, répands-le pour de vrai
Si tu pries, prie pour de vrai
Si tu voles, vole pour de vrai
Si tu fais un don, donne pour de vrai…
Mange de la confiture, la confiture de fleurs avec du pain grillé…

Le monde n'est qu'un jeu
Le monde n'est qu'un songe
Le sang est sorbet
Le sorbet, sang
Et les deux ne sont rien.

Le scorpion est une fleur
La fleur, scorpion
Et les deux, rien.

Mange de la confiture, la confiture de carottes avec du pain grillé.

José, José, José
José plein de ton être et de vide
Grille de la viande
Avril, c'est notre mois
Lorsque tu m'embrasses,
Embrasse-moi et rien d'autre,
Lorsque tu me regardes,
Regarde-moi et rien d'autre.

Shine Nouri : Elle est née en 1995 à Sonqor, au Kurdistan d'Iran. Après avoir terminé ses études à l'Université de Sulaymānīyah, a décidé de séjourner au Kurdistan d'Irak. À côté de ses écrits poétiques, elle traduit des œuvres littéraires du persan en kurde. Les nouvelles de poétesse iranienne Forough Farrokhzade, de Wolfgang Borchert et les œuvres de Safo. Elle a réuni ses poèmes dans un recueil intitulé *Je suis une vache solitaire*, 2018.

Sirwa Osman

Captive

Je suis enfermée dans une gouttelette,
Je ne tomberai ni sur une feuille,
Ni ne serai éprise comme la rosée
D'une fleur moite
De l'arbre de Judée.

Je brûle de pleurs.
Me voilà à genoux implorant
Les nuées vêtues de blanc
Je tomberais
Sur les tertres de la conscience
En averse.

Me voilà à genoux implorant
Les arbres du jardin de vie
Pour me donner l'opportunité
De pouvoir le rejoindre.

Sirwa Osman : Elle est née en 1966, à Kirkuk, au Kurdistan d'Irak. Poétesse, mais aussi traductrice, elle a traduit de l'arabe en kurde « La légende du royaume du monsieur » de Zouhdi Aldawdi. Ses poèmes ont été traduits en plusieurs langues. Elle publie ses articles dans les journaux égyptiens et algériens. Elle est membre actif dans des organisations qui soutiennent les causes des femmes kurdes. Elle a publié deux recueils de poèmes, intitulés *Les souffles d'une femme* et *Soupirs de l'amour*.

Soza Berzinji

Dans un coin du café
Nous trois :
Une cigarette, un café et moi.
J'allume la cigarette et
Les souvenirs allument mon esprit…
Je consume la cigarette et
Ton souvenir embrase mon cœur…
Le vent emporte sa fumée et
Le temps balaie mon âge…

Dans un coin
À une table
Les yeux d'un jeune homme rivés sur un journal
De temps en temps
Boit un café aussi froid
Que notre temps…

Quelques pas plus loin
Un adolescent
Accompagné de son chien
Prend la vie par-dessus la jambe…

À travers la vitre
À côté de la porte
Une gitane joue du violon
Enveloppe les passants d'un air mélancolique,
Et chante exactement comme moi
L'interminable chanson de l'apatride.

Soza Berzinji : elle est née à Sulaymānīyah, où elle a effectué ses études. Elle vit actuellement en Norvège, où elle enseigne la langue kurde aux enfants immigrants kurdes.

Sozan Mame

Lorsque tu penses à moi
Moi, je pense à la rue
Qui est vide…
De pudicité,
De compassion.
Il met son manteau long et noir
Reniflant nos séparations, en fumant sa cigarette
Et met un point à la fin de cette phrase,
Noircissant les jours des âges.

En pensant à toi
Depuis fort longtemps
J'ai déjà tressé la rue avec ma ceinture.

À un homme aquatique

1
Pour ta tendresse constante
Je baiserai la main du téléphone
Afin de t'envoyer
Le soupir le plus blanc
Les lèvres rouges les plus mordues
À travers les fissures des doigts.

2
Hors les quatre saisons
Il est l'homme, le parfum d'une autre saison,
Comme elles, il vient et puis s'en va,
Depuis belle lurette, il répand son odeur autour de mon cou,
C'est pourquoi, maintenant, il est jaloux de mon parfum.

3
Si je pouvais
Je te tisserais un tapis de sable
Je te planterais un cactus de nuit
Je te porterais avec la force magnétique de mes lèvres.

Sozan Mame : Elle est née en 1972, à Sulaymānīyah, au Kurdistan d'Irak. En 1996 elle a obtenu une maîtrise de langue kurde à l'Université de Saladin et en 2004 un master. Elle a enseigné dans l'École de formation des professeurs. Actuellement elle vit et travaille à Londres. Elle devient rédactrice-en-chef d'une (rubrique ?) de défense de la cause féminine. Elle a publié plusieurs recueils de poèmes, dont : *La route de l'âme*, 1996, *Les mardis poétiques de la tornade*, 1999, ainsi que plusieurs ouvrages sur l'identité féminine, comme *La femme et la recherche de l'Identité*, 2002, *Les journalistes-femmes, sous le régime de Saddam Hussein*, 2004.

Tarze Faiq Ahmed

1
Eux, ils nous tendent une main aussi belle qu'une pêche,
Mais ils nous égorgent aussi facilement qu'ils pèlent un oignon et,
Pleurent lorsque nous les abandonnons.

Lorsqu'il m'appelait mon petit chat,
J'ignorais qu'il s'abattrait sept fois sur mon âme.

Nos fracas en sont les témoins
D'avoir trop tard compris que
L'unique homme qui nous balançait au ciel et
Et nous rattrapait avec des éclats de rire, c'était notre père.

Pareil à un vase de cristal fin
Je me suis brisée en tombant de ses mains.

Eux, ignorent que
L'infidélité est comme un sceau d'infamie sur le front
Même s'ils s'en privaient.

Les vaillants combattants
Sont nos lâches amants
C'est pourquoi :
Nos frontières sont saines et sauves
Mais nos cœurs sont en ruine.

2
Lui, il n'arrive nullement à comprendre que
Les femmes ne sont pas comme des oranges,
Lorsqu'il les lance
Par deux
Par trois
Par quatre
Il les rattrape l'une après l'autre...
Les femmes se talent, se ratatinent, s'écrasent
Dans ses mains aigries...
Mais à la fin du jeu
Il n'arrive même pas à comprendre que
Si les femmes étaient des oranges
Elles disparaîtraient.

Lui, qui a encore une orange flétrie dans sa main,
Il n'arrive pas à comprendre que
Les femmes ne sont pas des oranges.

Tarze Faiq Ahmed : elle est née en 1972, à Sulaymānīyah, dans une famille conservatrice. Elle travaille à TV 24 Kurdistan, animant un programme consacré à des thèmes sociaux. Elle est un membre actif pour les causes des femmes, écrit des poèmes et a publié deux recueils de poèmes *J'existe ou pas*, 2009, *Même dans ma chute mes ailes ont secoué le ciel*, 2009.

Tiroj Amedi

Haiku

1
Comme un verre de vin
Je me vide de ton cœur
Mon ivresse le remplit.

2
Les vagues de la mer
Commencent à danser
Lorsqu'elles m'apportent de tes nouvelles.

3
« tanka »

Il est le tapis de prière
Dans un temple ancien
Ta poitrine est mon hivernale
Dont je suis privée.

Tiroj Amedi : elle est née en 1959, à Duhok, au Kurdistan d'Irak. Membre de l'Union des Écrivains kurdes de Duhok. Elle a publié trois recueils de poèmes qui sont : *Shiyan et Laylan*, 2002, *Le nid des souvenirs*, 2007, *Ange Blanche*, 2012. Amedi écrit aussi bien en kurde qu'en arabe.

Venus Faiq

Avant que la main de Dieu ne m'atteigne

Un siècle auparavant
Lorsque Dieu voulut m'assassiner,
Il m'a suffi d'une seule nuit
Allongée dans la nature jusqu'à l'aube
Pour qu'au petit matin
L'eau jaillisse de mon âme
Et étanche la soif de l'obscurité.

Le jour suivant
J'ai enfanté la terre
Berceau pour les arbres.
Deux jours plus tard
Le vent a vu le jour
Les fleurs ont été fécondées.
Au troisième jour
J'ai enfanté le feu
Avant que Dieu ne m'atteigne
Je me suis enflammée.

Eau,
Si tu étais inepte
À comprendre le langage de l'eau
Tu ne pourrais apprivoiser
La noyade.

Terre,
Si tu ne croyais pas
À l'ingénuité de la terre
Tu serais incapable
De comprendre la souffrance
Lorsque la terre enserre l'eau
Devenant de la Boue
Graduellement !

Feu,
De l'embrasement à l'embrasement,
Étends ton corps sous le ciel
Afin de savoir
Depuis que le feu existe
Ni le vent n'est capable
De refroidir ton embrasement
Ni l'eau n'est en mesure de calmer
Ton flamboiement
Ni la terre
Ne prête attention aux sanglots de
Tes gémissements.

Venus Faiq : poétesse, traductrice et romancière, elle est née en 1963, à Sulaymānīyah, au Kurdistan d'Irak. En 1989, elle obtient une maîtrise en philosophie à l'Université de Bagdad. Elle est membre de l'organisation de « poetas del mundo » et membre du syndicat des journalistes du monde. Elle a publié une dizaine de recueil de poèmes, notamment *Une femme en moi*, 2018, *Le dernier Samouraï*, 2013, *Les beaux péchés*, 2001. Elle a publié deux romans : *L'unique fille de Dieu*, 2015, et *Veux*, (manque l'année).

Zouleikha Karim

Une autre lettre

Je pourrais, comme tu le dis, répéter les mots des livres :
Les arbres éprouvent la solitude,
Ma chambre est en désordre ainsi que mon esprit.
Je pourrais même dire que l'air est aussi froid que ma tête,
Le monde est chaotique comme dans mes rêves.
Pourtant je pourrais te parler comme un livre :
Comme celui qui advient et non comme celui qui est,
Te dire « Oh ! Comme je t'aime, comme je pense à toi. »
Mais, je suis tellement insignifiante que cela m'est impossible
De décrire la vraie solitude,
Dire comment cette profonde obscurité nous aveugle !

Lorsqu'elle m'empêcherait de voir les vrais couleurs du couvre-chef,
Les vrais couleurs de perle et de tes yeux ;
Je n'existerai plus alors.

Je pourrais néanmoins t'annoncer
Que le fond des rues est aussi en détresse que le mien,
Ou bien le soir ressemblerait au cœur contrarié d'un conteur,
Ou je pourrais aussi te dire que le bien-aimé est en train de s'échapper des contes.
Il est là, pour t'annoncer qu'il soignera sa belle.
Tout rentrera dans l'ordre,
Mais, las ! Les arbres éprouveront la solitude et,
Le monde est aussi chaotique que mes rêves.

Chanson pour Jubran

Je suis enchantée par moi-même
Parce que je garde encore en moi ma propre folie
Parce que je n'aime pas prendre un café
Ni posséder un chat !

Je suis encore une enfant.
Il faut que j'en sois quelque part,
La timidité d'enfance bourgeonne en moi,
Ma honte s'amplifie,
Les vases bleus tombent encore de mes mains.
À minuit, craintive, enfiévrée, je sursaute :
Les amphores cassées sont mortes,
Les morts ne reviennent plus.
Pourquoi n'entendons-nous plus maintenant
Le crissement de ce qui se casse ?

Conscience

Si je pouvais
J'allumerais un cierge devant chaque porte ;
J'aspergerais les soirs moribonds
De lumières solaires ;
Je planterais des lueurs dans les cœurs noircis ;
Je les habillerais de vêtements blancs ;
Je guiderais les nuées comme des ombrelles de gaîté
Sur les enfants déshérités ;
Je jetterais des fleurs sur les cœurs captivés ;
Souriant aux démunis.

Zouleikha Karim : elle est née, en 1985, à Erbil, au Kurdistan d'Irak. Elle débute en poésie, à l'âge de 20 ans et publie ses poèmes dans des revues et journaux. Elle a publié un recueil de poèmes intitulé *Maryam est un poème qui ne se connaît pas*, 2009.

TABLE DES MATIÈRES

1. INTRODUCTION 9
2. Awaz Saman 15
3. Awezan Nouri 19
4. Bayan Ibrahim 23
5. Chnur Namiq 27
6. Dli Rojhelat 31
7. Hawzhin Hassan Ali 33
8. Jila Husseiny 37
9. Kajal Ahmed 41
10. Kajal Nuri 47
11. Kochar Aboubakr 49
12. Leyla Sofi 55
13. Leyla Waziri 59
14. Madiha Sofi 61
15. Narin Rostam 65
16. Nazand Begikhani 71
17. Pery Shex Salih 77
18. Rhawnd Salih Hassan 81
19. Roj Halabjeiy 85
20. Ronak Shwani 93
21. Rouana Choupani 97
22. Sarwin Darwich 101
23. Shilan Gaylani 105
24. Shine Nouri 109
25. Sirwa Osman 115
26. Soza Berzinji 119

27. Sozan Mame 123
28. Tarze Faiq Ahmed 129
29. Tiroj Amedi 133
30. Venus Faiq 135
31. Zouleikha Karim 141

Structures éditoriales du groupe L'Harmattan

L'Harmattan Italie
Via degli Artisti, 15
10124 Torino
harmattan.italia@gmail.com

L'Harmattan Hongrie
Kossuth l. u. 14-16.
1053 Budapest
harmattan@harmattan.hu

L'Harmattan Sénégal
10 VDN en face Mermoz
BP 45034 Dakar-Fann
senharmattan@gmail.com

L'Harmattan Congo
67, boulevard Denis-Sassou-N'Guesso
BP 2874 Brazzaville
harmattan.congo@yahoo.fr

L'Harmattan Cameroun
TSINGA/FECAFOOT
BP 11486 Yaoundé
inkoukam@gmail.com

L'Harmattan Mali
ACI 2000 - Immeuble Mgr Jean Marie Cisse
Bureau 10
BP 145 Bamako-Mali
mali@harmattan.fr

L'Harmattan Burkina Faso
Achille Somé – tengnule@hotmail.fr

L'Harmattan Togo
Djidjole – Lomé
Maison Amela
face EPP BATOME
ddamela@aol.com

L'Harmattan Guinée
Almamya, rue KA 028 OKB Agency
BP 3470 Conakry
harmattanguinee@yahoo.fr

L'Harmattan RDC
185, avenue Nyangwe
Commune de Lingwala – Kinshasa
matangilamusadila@yahoo.fr

L'Harmattan Côte d'Ivoire
Résidence Karl – Cité des Arts
Abidjan-Cocody
03 BP 1588 Abidjan
espace_harmattan.ci@hotmail.fr

Nos librairies en France

Librairie internationale
16, rue des Écoles
75005 Paris
librairie.internationale@harmattan.fr
01 40 46 79 11
www.librairieharmattan.com

Librairie des savoirs
21, rue des Écoles
75005 Paris
librairie.sh@harmattan.fr
01 46 34 13 71
www.librairieharmattansh.com

Librairie Le Lucernaire
53, rue Notre-Dame-des-Champs
75006 Paris
librairie@lucernaire.fr
01 42 22 67 13